Rückkehr nach Kabul

Eine fotografische Zeitreise

Rückkehr nach Kabul

Eine fotografische Zeitreise

Text
Gerd Ruge

Fotografien
Georg Werner Gross
Philipp Meuser

Verlagshaus Braun

Zum Geleit

Afghanistan hat mehr als zwei Jahrzehnte Krieg und Zerstörung hinter sich, Wirtschaft und Infrastruktur liegen am Boden, eine effiziente Verwaltung fehlt, und die Lebensbedingungen der meisten Menschen sind im Sommer 2003, eineinhalb Jahre nach der Vertreibung der Taliban, noch immer erschreckend elend.

Im Bürgerkrieg, der mit dem Rückzug der Sowjetarmee 1989 ausbrach, wurde das bis dahin unzerstörte Kabul zu einem Hauptschauplatz der militärischen Auseinandersetzungen zwischen den verfeindeten Mudschaheddin. Ganze Stadtteile liegen in Trümmern, der Wiederaufbau hat noch kaum begonnen. Nicht nur die Gebäude, auch die Seelen der Menschen haben schwer gelitten. Das Land am Hindukusch braucht auf allen Gebieten unvermindert unsere Unterstützung auf seinem Weg zur Anerkennung der Menschenrechte und der Demokratie, um nicht in archaische Zustände zurückzufallen.

Dieses Buch trägt dazu bei, die Erinnerung an die Zerstörung Afghanistans wach zu halten, kämpft gegen das Vergessen an, das in unserer so schnelllebigen Welt Anteilnahme und Hilfsbereitschaft nach kurzem Aufflammen allzu rasch wieder verlöschen lässt, um sich neueren, aktuelleren Krisenherden zuzuwenden.

Renate Elsaeßer
Leiterin des Goethe-Instituts Kabul

Rückkehr nach Kabul

Eine unzerstörte, aber fast tote Stadt – das war die Erinnerung, die ich 1990 von meinem letzten Aufenthalt in Kabul mitgenommen hatte. Eine zerstörte Stadt, aber auch eine ganz lebendige Stadt, das war der überraschende erste Eindruck, als ich Kabul im Frühjahr 2002 wieder begegnete.

:hronik Afghanistans +++ um 50.000 bis 20.000 vor Christus: Funde steinzeitlicher Werkzeuge in Gebieten des heutigen Afghanistans; Anfänge von Getreideanbau und Viehzucht +++

1967 Falkner außerhalb der Stadt | 2003 Zwei Jungen vor kriegszerstörten Autobussen

um 3.000 bis 2.000 vor Christus: Die großen Handelswege nach Indien führen durch das heutige afghanische Gebiet; Bronzezeitliche Ballungszentren entstehen entlang dieser Stra

1967 Traditioneller Reitsport *Naiza Bazi* (Dari)/*Naiza Wahelo Loba* (Paschtu)

-en; Auftreten erster Eisengeräte +++ ab 1.500 vor Christus: Indoeuropäische nomadische Stämme, die sich selbst »Arier« nennen (altind.: arya »der Edle«), wandern aus dem Nor-

2003 Zerstörter Autobus in Sichtweite des Mausoleums Nadir Shah

den in das Gebiet des heutigen Afghanistans ein; Von ihnen erhält das Bergland am Hindukusch den Namen »Aryana«; Erste schriftliche Erwähnung der Stadt Kabul +++ 728 bis 55

2003 Kinder in Wazir Akbar Khan | 2003 Autowracks im Stadtteil Shah Shahid

or Christus: Herrschaft der Meder über die Gebiete des heutigen Afghanistans +++ vermutlich um 600 vor Christus: Entstehung der Religion des Zoroastrismus +++ um 550 vor Chri-

Ich erinnerte mich an die Abreise zwölf Jahre zuvor, an den verdunkelten Notflughafen, an die verdunkelte russische Maschine, die sich steil nach oben schraubte, um nicht ins Schussfeld der muslimischen Stellungen in den Bergen rund um die Hauptstadt zu geraten, während sie mit dumpfem Knall Stanniolstreifen abschoss, um die Boden-Luft-Raketen abzulenken. Unter uns nichts als Dunkelheit.

stus: Dareios der Große (522-486 v. Chr.), Herrscher des persischen Achaimenidenreiches, erobert große Teile des heutigen Afghanistans; Es kommt wiederholt zu blutigen Auf

tänden gegen die persische Fremdherrschaft; Erste hellenistische Einflüsse +++ 330 bis 329 vor Christus: Nach der Unterwerfung des Achaimenidenreiches besetzt Alexander der

In der Nacht zuvor war ich noch einmal durch die menschenleeren Straßen der schwarzen Stadt gefahren. Ein Taxifahrer, der dringend Geld brauchte, war mit uns im Schritttempo durch die Straßensperren gerollt, an denen man im Schein von Petroleumlampen bewaffnete Männer erkennen konnte, die über die Ausgangssperre wachten. Wir fuhren in den Microrayon, die im Sowjetstil erbaute kleine Funktionärssiedlung, in der eine Rakete eingeschlagen war. Ein Dutzend Nachbarn standen schweigend um einen schwer verletzten Mann, dem Splitter ein Bein zerrissen hatten. Nur ein älterer Mann sprach mich an, auf Deutsch: Ein Arzt, der vor kurzem aus dem Exil in der Bundesrepublik zurückgekehrt war. Mit dem Ende der kommunistischen Herrschaft, so hatte er gehofft, werde er beim Aufbau eines modernen Afghanistans helfen können. Nun hatte er kaum noch Hoffnung, nur Sorge um Frau und Tochter, die er aus der sicheren Bundesrepublik mit nach Kabul gebracht hatte.

Große (356-323 vor Chr.) Baktrien und die Sogdiane: Mehrjährige Revolten gegen die hellenistische Herrschaft +++ 323 bis 250 vor Christus: Nach dem Tod Alexanders des Große

nd den Diadochenkämpfen geht das nördliche Gebiet Afghanistans um 306/305 v. Chr. in den Besitz von Seleukos I. Nikator (358 bis 281 v. Chr.) über; Etwa 50 Jahre gehört Bak-

2003 Lager und Werkstätten vor Geschäftsbeginn | 2003 Automechaniker bei einer Pause

trien zum Seleukidenreich und erfährt unter Antiochos I. Soter (324-261 v. Chr.) einen wirtschaftlichen Aufschwung; Die indische Mauryan-Dynastie beherrscht die südlichen Pr

1967 Basar an der Straße Salang Wat

inzen des heutigen afghanischen Gebiets +++ 250 vor Christus: Baktrien erklärt seine Unabhängigkeit von den Seleukiden, in den nächsten Jahren kann die baktrische Herrschaft

Später saßen wir bei Notbeleuchtung im ungeheizten, wasserlosen Intercontinental Hotel am Stadtrand – ein knappes Dutzend Journalisten, fast die einzigen westlichen Ausländer in der Hauptstadt, in der die USA, die Bundesrepublik und die meisten anderen Länder ihre Botschaften geschlossen und geräumt hatten. Die sowjetischen Truppen waren abgezogen, Moskaus riesige Botschaft am Stadtrand unerreichbar hinter afghanischen Armeeposten.
Wir tauschten aus, was wir am Tage an Informationen über die Lage gesammelt hatten: Putschgerüchte, Nachrichten von Kämpfen am Flughafen Bagram, nicht weit von der Stadt, vom Vorrücken der islamischen Kämpfer, aber auch von blutigen Zusammenstößen zwischen Mujaheddin-Verbänden. In einigen Ministerien wurde noch gearbeitet, da redeten Beamte manchmal von Kabinettsumbildungen, an deren Sinn sie schon nicht mehr glaubten.

Das äußere Bild der Stadt hatte sich gegenüber früheren Jahren kaum verändert, aber auf den großen Straßen der Innenstadt sah man keine Autos mehr und die schönen Parks waren fast menschenleer. In der Chicken Street, wo früher Ausländer nach Antiquitäten und Kunstgewerbe suchten, hatten die Händler ihre Läden verbarrikadiert. Auf den Märkten standen die Verkäufer hinter fast leeren Ständen und warteten auf ihre wenigen Kunden. Eine unheimliche Stille schien über dieser unwirklichen Stadt zu liegen.

bis Kabul ausgeweitet werden +++ um 150 vor Christus: Eroberung Baktriens durch das Nomadenvolk der Tocharer; Einteilung des Gebiets in zunächst fünf Herrschaftsbezirke, dar

2003 Blick aus dem ehemaligen Kabul-Museum auf den Darulaman-Palast

nter ist das Fürstentum der Kushana, das seinen Herrschaftsbereich im 1. Jahrhundert n. Chr. auf ganz Baktrien und darüber hinaus über weite Teile Zentralasiens und Nordin-

2003 Wiederaufbau einer Moschee an der Geschäftsstraße Jade Maiwand

Zwölf Jahre später – die Stadt war in der Zwischenzeit ein Schlachtfeld gewesen – kam ich in einem Autobus mit afghanischen Heimkehrern nach Kabul zurück. Es waren fast nur Männer und sie wollten prüfen, ob sie in der Heimatstadt ein neues Leben für sich und ihre Familien aufbauen könnten, nachdem die Taliban verjagt waren. Sie kamen auf der Jellalabad Road aus Richtung Pakistan, wo sie als Flüchtlinge gelebt hatten und sie sahen ihre Stadt nach Jahren zum ersten Mal wieder: rechts und links der Haupteinfallstraße Ruinen und die Fassaden halb zerstörter Häuser, vor denen die Bewohner an kleinen Tischen zu verkaufen suchten, was sich zu ein bisschen Geld machen lässt. Die Männer sagten kaum ein Wort, einigen liefen Tränen aus den Augen. In den zerstörten Vorstädten erkannten sie ihr Kabul nicht mehr wieder und hatten es schwer, sich zu orientieren. In der Nähe des Zentrums schienen sie ein wenig erleichtert: Viele zerstörte Gebäude auch hier, aber ein Stadtbild, das sich noch erkennen ließ und Menschen auf den Straßen, Geschäfte, sogar ein Markt am Kabul-Fluss.

diens bis ins östliche Gangestal ausweiten kann +++ ab 3. Jahrhundert nach Christus: Bürgerkriege begünstigen den Zerfall des Reichs der Kushana; Der Norden Afghanistans fäll

1967 Reges Treiben auf dem Platz Chaman-i-Houzouri

nter die Herrschaft der persischen Sassanidendynastie (224-651); Die graeco-buddhistische Kultur erreicht ihren Höhepunkt; Entstehung der Buddha-Statuen in Bamiyan +++ um 400:

1967 Blick über den Kabul-Fluss auf die Moschee Shah-do-Shamshira

Aus der Altairegion wandern die Hephthaliten, auch Weiße Hunnen genannt, in das Gebiet des Oxus ein und greifen das Reich der Sassaniden an; Im 5. Jahrhundert herrschen di

Es war ein Freitagvormittag, der moslemische Sonntag, und ehe sie sich auf die Suche nach ihren Häusern oder Geschäften machten, suchten die meisten Männer nach einer Moschee für das Mittagsgebet. Ich machte mich auf den Weg durch die Stadt. Die Männer, die mit mir im Bus gekommen waren, hatten in ihrer Erinnerung das Bild einer unzerstörten Stadt mitgebracht und waren erschüttert. Mir dagegen stand das nachtschwarze, menschenleere, eingeschlossene Kabul vor Augen – das war meine letzte Erinnerung. Mir kam die Innenstadt unerwartet lebendig vor. Erst ein paar Tage später erkannte ich, dass ich eigentlich an einem sehr ruhigen Tag gekommen war, an einem Feiertag, an dem es keine Staus auf den Hauptstraßen gibt und das Gedränge auf dem Basar am ausgetrockneten Kabul-Fluss weniger beängstigend ist als sonst.

2003 Morgenwäsche am Fluss | 2003 Kinder an einem öffentlichen Brunnen im Stadtteil Bemaru

die Hephthaliten; Die persische Sassanidendynastie übernimmt gemeinsam mit den türkischen Alliierten die Kontrolle über das Land +++ 652: Eroberung von Seistan und Herat durc

arabische Truppen; Kabul und weite Regionen des Landes bleiben jedoch unbezwungen; Beginn der Islamisierung +++ 7./8. Jahrhundert: Buddhistische Renaissance in den nordöst-

Aber auch an diesem Freitagmittag warten immer noch Männer mit Handkarren voller Kirschen und Melonen auf die Käufer, an den vielen Ständen mit neuen und gebrauchten Billigklamotten kramen nur wenige Leute. Wo kleine Jungen Musikkassetten und Starfotos berühmter, meist indischer Sängerinnen und Sänger anbieten, hocken neugierige Männer um sie herum. So etwas wäre unter den Taliban brutal bestraft worden. In drei Buden bieten Antiquare Bücher an. Soviel kann ich beim Blättern erkennen: Sie sind alle vor 1978 gedruckt, besonders die Lehrbücher für Studenten stammen aus der Zeit der kommunistischen Herrschaft, aber es gibt auch ein paar alte Reiseführer und Bildbände über die Schätze der afghanischen Kultur.

In den Häusern an der Paschtunistan-Straße, die alle schwer beschädigt sind, haben wieder kleine traditionelle Restaurants aufgemacht, daneben Snack-Bars mit Cola und Eiscreme. Über eine Holztheke verkauft ein dicker Bäcker seine frischen Fladenbrote. Im halbdunklen Raum hinter ihm leuchten die Gesichter der Bäckergesellen auf, wenn sie sich über den Ofen bücken, der in den Boden eingelassen ist. Mir schenken sie einen heißen Fladen, weil ich hereingekommen bin, um sie zu fotografieren. Ich hatte befürchtet, sie würden es ablehnen, fotografiert zu werden. Aber nun wollen sie alle auf das Bild, machen eine Pause und postieren sich vor der Bäckerei zu einem Gruppenfoto.

1967 Paschtunistan-Platz und Khyber-Restaurant

er Ghasnawiden; Unter Mahmud dem Großen von Ghazni (970-1030) reicht der Herrschaftsbereich von Buchara bis in den Nordwesten Indiens, Residenzstadt ist Ghasna; Vertreibung

2003 Traditionelle Backstube | 2003 Ein junger Bäcker zeigt stolz sein Brot

der letzten hephthalitischen Herrscher; Afghanistan wird zum Zentrum islamischer Macht und Kultur; Ghasna erhält die erste islamische Universität Zentralasiens +++ 1140/73: Di

2003 Afghanische Brote werden zum Verkauf angeboten | 2003 Bäcker bei einer Tee-Pause

us dem Bergland von Ghor stammende iranische Ghoridendynastie verdrängt die Ghasnawiden aus ihrer Residenz; Unter den Ghoriden setzt sich der Islam als prägendes Element durch

1967 Blick auf das Stadtzentrum und den Kabul-Fluss

Etwas unterhalb, am Lauf des Kabul-Flusses, steht die Shah-do-Shamshira-Moschee, blau-weiß und fast unbeschädigt. König Amanullah hat sie vor achtzig Jahren gebaut, der Mann, der Afghanistans großer Modernisierer sein wollte und den die Stammesführer des weiten Landes ins Exil getrieben hatten. Vor der Moschee hocken alte Männer und ein paar Kinder, Bettler, die auf den Beginn des Gottesdienstes warten und auf die Almosen der Gläubigen. Ein Taubenschwarm hat sich auf dem Vorplatz niedergelassen, rund um den Stand eines Futterverkäufers, der darauf wartet, dass die Gläubigen auf dem Weg zur Moschee auch den Tauben etwas Gutes tun wollen.

+++ 1208: Shah Alaud-din Mohammed II. erobert das Reich der Ghoriden; Er zieht jedoch durch die Ermordung einer mongolischen Gesandtschaft die Rache Dschingis Khans (1162/67

2003 Blick auf das Stadtzentrum und den fast ausgetrockneten Kabul-Fluss

227) auf sich +++ 1219-1221: Dschingis Khans Truppen unterwerfen die Gebiete des Ghoridenreichs; Beginn der Mongolenherrschaft; Zerstörung des Bewässerungssystems, vollstän-

2003 Busbahnhof und Erziehungsministerium an der Straße Salang Wat

dige Zerstörung Herats und Balkhs +++ 1273: Marco Polo durchquert Afghanistan auf seinem Weg von Venedig nach China +++ 1332: Die Ghoriden übernehmen erneut die Kontrolle üb

Über den Fluss drängen die Menschen zu den Bushaltestellen. Auf der Straße sind kaum noch Autos. Ein Taxifahrer hält an und fragt mich, ob ich mit ihm eine Stadtrundfahrt machen möchte. Er spricht ein wenig Englisch, das hat er als Flüchtling in Pakistan gelernt. Ich wundere mich, dass er auch am Freitagnachmittag Geld verdienen will. Aber er sagt offen, dass er von der Religion nicht viel halte und dass die Geistlichen ungebildete Typen vom Dorf seien. Also fahre er auch freitags und weil das Geschäft da schlechter gehe, habe er den ganzen Nachmittag Zeit, mir die Stadt zu zeigen. Wir fahren am Kabul-Fluss entlang, vorbei an der ehemaligen Sowjetischen Botschaft und den zerstörten fünfstöckigen Häusern, in denen russische Offiziere mit ihren Familien wohnten. In den Ruinen leben nun Flüchtlinge aus dem ganzen Land, Nomaden, die mit ein paar Ziegen vor der Dürre in die Trümmer der Hauptstadt geflohen sind. Immerhin ein größeres Gebäude ist fast wieder aufgebaut, auch wenn die Fenster keine Scheiben haben: Eine Oberschule, sagt der Taxifahrer.

fghanistan +++ 1370-1404: Eroberung des afghanischen Gebiets durch den Turkmenen-Herrscher Timur-i Läng (Tamerlan, 1328-1405); Herrschaft der Timuriden +++ 1382: Rebellion

Herats gegen die Fremdherrschaft, Zerstörung durch die Timuriden +++ 1405-1447: Timuridenherrschaft in Herat unter Tamerlans Sohn Shah Ruch führt zu kultureller Blüte +++ 145

2003 Verkehrsposten auf der Straße Jade Maiwand

515: Herrschaft der einheimischen Lodhi-Dynastie +++ 1504-1519: Sahired-din Mohammed (1483-1530), genannt Babur, Gründer der indischen Dynastie der Großmoghuln, erobert Kabul

Die schnurgerade Darulaman-Straße führt auf ein schlossartiges Riesengebäude zu. Das war einmal als Sitz des afghanischen Parlaments gedacht, aber Abgeordnete sind nie eingezogen. Ministerien und Verwaltungen haben sich darin abgewechselt. Schon 1968 ist ein Teil abgebrannt, den Rest haben die Kämpfe beschädigt. Da will mir der Taxifahrer lieber etwas zeigen, was er schöner findet, den großen Park oberhalb des Flusstales, der sich Baburs Garten nennt. Einladend sieht er auch nicht aus: am Eingang eine große Ruine. Das war die Sommervilla der Könige gewesen, dann die erste Deutsche Botschaft in Afghanistan, dann eine Schule und nun zerstört. Ein paar Autos, hauptsächlich Taxis, haben weiter hinten geparkt, wo ein großer Sommerpavillon mit geschwungenen Bögen liegt. Nur noch Reste von bemaltem Stuck lassen erkennen, wie schön er einmal war.

Aber auf seinen Stufen sitzen Gruppen von Menschen, die einen kleinen Feiertagsausflug machen, dorthin, wo sie vor Krieg und Zerstörung glücklich gewesen sind. Die kleine elegante Moschee aus dem 17. Jahrhundert liegt halb zerstört vor den großen steinernen Wasserbecken, in denen Jungen spielen. Von der großen Terrasse des Sommerpavillons aus blickt man auf Kabul herab, aber was mir zuerst auffällt, sind die großen Beete voll bunter Sommerblumen und leuchtend roter Malven an diesen breiten geschwungenen Treppen. Erstaunlich, dass da wieder Blumen blühen in dieser zerstörten Stadt, die um ihr Überleben kämpft.

und verleibt das afghanische Gebiet dem Moghulreich ein; Kabul wird Sitz eines „Vizekönigs" +++ 1520-1579: Revolte gegen die Moghul-Dynastie, angeführt vom afghanischen Inte

1967 Frauen bei einem Feiertagsausflug

ektuellen Bayazid Roshan (1579 gefallen) +++ 17. Jahrhundert: Afghanistan ist bis in die Mitte des 18. Jahrhunderts geteilt: Kabul liegt im Einflussbereich der indischen Mog-

huln, in Herat regiert die Dynastie der schiitischen Safawiden-Schahs von Persien (1502-1722); Den Norden kontrollieren die Usbeken, der Rest des Landes ist unter paschtuni

Das ist so unerwartet wie die lauten, fröhlichen Stimmen, die durch eine hohe Hecke klingen: Um die hundert Schüler und junge Männer schwimmen in einem großen Schwimmbad, springen vom Drei-Meterbrett, schubsen einander ins grünliche Wasser. Auf der breiten Treppe zum Bassin liegt ein älterer Soldat in der Sonne. Manchmal krault er kleine Jungen mit seiner Kalaschnikow am Kopf, ehe er demonstrativ eine Runde dreht. Über das Schwimmbad hinweg sieht man am Fuß des Hügels hohe, moderne Gebäude, aber sie sind fast alle zerstört. Im ehemaligen Industriepark Jangalah haben sie früher Landmaschinen, Möbel, Keramik und Textilien hergestellt. Aber bis jetzt hat noch kein Betrieb wieder zu arbeiten begonnen. Auf der anderen Seite des Flussbettes liegen hunderte einstöckiger Lehmhäuser am Abhang des Sherdarwaza-Berges, schwer zu sagen, wie viele von ihnen zerstört, wie viele teilweise wieder zusammengeflickt sind.

Am Rand der Hauptstraße haben einige kleinere Geschäfte wieder eröffnet. Irgendwo muss es auch eine Grundschule geben, eine Schar kleiner Mädchen in schwarzen Schuluniformen und mit weißen Schleifen im Haar kommt durch die Trümmergasse auf uns zu. An einer großen Pumpe holen Kinder mit Kanistern und Krügen Wasser für die Familien, Strom- und Wasserleitungen gibt es nicht mehr. Es ist eine ärmliche Trümmerlandschaft, aber wer das Viertel zerstört hat, darüber macht sich mein Taxifahrer keine Gedanken, vielleicht kommunistische oder sowjetische Truppen, vielleicht eine von den Parteien der islamischen Glaubenskämpfer, vielleicht die Taliban. Vierundzwanzig Jahre war hier Krieg, da haben alle viel zerstört.

cher und belutschischer Herrschaft; Die Einflusszonen berühren sich in Kandahar; Mit der Entdeckung des Seeweges nach Indien verliert Afghanistan zunehmend seine Bedeutung als

Er beschließt, mir etwas Schönes zu zeigen. Er ist lange nicht mehr da gewesen, aber früher war es da schön. Bagh-e-Bala, »Der hohe Garten«, liegt auf einem Hügel am Westrand von Kabul. Da liegt ein kleiner weißer Palast mit vielen Kuppeln. Emir Abdur Rahman hat ihn sich kurz vor 1900 gebaut, als er aus dem Exil als Herrscher zurückkehrte. Später war der Sommerpalast eines der beliebtesten Restaurants Kabuls und in den Wirren der letzten Jahrzehnte war er einige Monate Hauptquartier der Nordallianz, aber auch des Sicherheitsdienstes der Taliban. Nun sind die Räume leer, die Wände immerhin frisch geweißt und die Fenster repariert. Ein älterer Kellner im langen braunen Gewand leitet uns auf die große Terrasse. Leider könne er nur Tee und Sandkuchen anbieten, bedauert er. Früher einmal hat er hier Besseres serviert, sagt er auf Englisch. Nun sei der Palast im Besitz der Regierung und wann er wieder ein richtiges Restaurant würde, kann man nicht wissen.

Alle zehn Tische auf der Terrasse sind besetzt. Der Kellner holt einen Stuhl heran und nun sitze ich an einem Tisch mit drei Offizieren und einem Soldaten, der die Kalaschnikow auf dem Schoß hält. Ergeben lauschen sie einem großen Mann mit Turban, der sich lässig im Stuhl zurücklehnt, das ist ein Kommandant. Aber was für einer, das frage ich lieber nicht. Immerhin lässt er sich gnädig von mir fotografieren.

1967 Vater und Tochter blicken vom Tepe Maranjan hinab auf die Altstadt

fshariden-Herrschers von Persien und Afghanistan, Nadir Shah, kommt es zum Machtvakuum; Der paschtunischen Stammesführer Ahmad Durrani (1724-1773) wird Schah Afghanistans und

2003 Blick vom Tepe Maranjan hinab auf die Altstadt

begründet die Durrani-Dynastie (1747-1793); Beginn des modernen afghanischen Staates, Hauptstadt: Kandahar; Mit siegreichen Kriegszügen gegen das Moghulreich und die Perse

acht Ahmad Schah Afghanistan in der zweiten Hälfte des 18. Jahrhunderts zum zweitgrößten muslimischen Reich nach dem Osmanischen Reich +++ ab 1773: Verlegung der Hauptstadt

Später winken mich junge Männer an ihren Tisch und bieten mir von ihrem Tee an. Sie sind Ingenieurstudenten. Seit vier Monaten sind sie an der Universität von Kabul. Der Lehrbetrieb fange an, sich nach der jahrelangen Unterbrechung zu normalisieren, sagen sie, nur fehlten viele Bücher aus der Bibliothek. Die hätten die Taliban nach Pakistan verkauft oder einfach vernichtet, meinen die Studenten. Einer fragt mich, wie die Zukunft wird. Ich hoffe, sie wird gut, sage ich. Und er: »Sie hoffen, wir hoffen auch. Wenn Allah will ...«

Von der Auffahrt zum Sommerpalast kommt Hupen und laute Musik: Eine lange Wagenkolonne fährt heran, vorne ein Bus, aus dem ein Kameramann heraushängt und mit Papiergirlanden geschmückten Autos filmt. Eine Hochzeitsgesellschaft, das Brautpaar hinter den staubbedeckten Scheiben nur schemenhaft zu erkennen. Dahinter fast dreißig Wagen und ein paar Busse mit den Hochzeitsgästen, ein Lastwagen mit Musikern. Die Kolonne dreht eine Runde vor dem Palast, die Gäste stecken die Köpfe aus den Wagenfenstern, damit sie der Kameramann besser ins Bild bekommt und dann rollen die Wagen wieder den Berg hinunter. Ein halbes Jahr nach der Vertreibung der Taliban werden viele Hochzeiten nachgeholt.

2003 Kriegszerstörtes Lichtspieltheater im Stadtteil Deh Mazang

ost Mohammad Khan, Übernahme der Herrschaft in Ostafghanistan und 1835 Proklamation als Amir al mu'minin (»Befehlshaber der Gläubigen«); Begründer der Dynastie der Barakzei;

Nun ist es wieder ruhig auf dem Platz. Gruppen von Frauen in hellblauen Burkas kommen mit Kindern an der Hand und setzen sich in den Schatten der Bäume. Manche haben Kochtöpfe mit allerlei Speisen mitgebracht. Ein Picknick im Freien haben sie jahrelang vermisst. Fotografieren lassen sich die Frauen nicht, aber sie schicken die kleinen Jungen und Mädchen in ihren Sonntagskleidern zu mir, damit ich ein Bild von ihnen mache. Und dann wird es donnernd laut: Fünf junge Männer mit schweren Motorrädern treten auf dem Parkplatz auf's Gas, vielleicht die ersten künftigen Hell's Angels von Kabul.

42: Erster afghanisch-britischer Krieg +++ 1839: Eroberung Kandahars, Ghasnas und Kabuls durch die britisch-indische Armee; Briten setzen Schah Shurja auf den Thron; Gefan-

2003 Auf der Baustelle eines neuen Bürogebäudes

gennahme Dost Mohammads +++ 1843-1863: Der wieder inthronisierte Dost Mohammad begründet Afghanistan in seinem heutigen Umfang. +++ 1863: Eroberung Belutschistans durch d

1967 Frau bei der Gewinnung von Butter | 2003 Ein Stoffhändler auf dem Bazar

1967 Restaurant Gulzar am Park Shahr-i-Nau

Am späten Nachmittag ist auf der Straße am Stadtrand nun wieder viel Verkehr. In kleinen Bussen, Pick-ups und Taxis kommen die Familien von ihren Ausflügen vom Land zurück. Auf der Straße, an der meine Unterkunft liegt, gibt es schon fast so etwas wie einen Stau. Das Gästehaus im Stadtviertel Shahe-Nau ist gar nicht so leicht zu finden. Am großen eisernen Tor der Mauer gibt es kein Schild. Einen richtigen Namen hat das Gästehaus auch nicht. Man nennt es »Die Österreichische Botschaft«. Aber da es in Kabul keine Österreichische Botschaft gibt, kann man Taxifahrer und Polizisten nur verwirren, wenn man nach ihr fragt. Österreichische Botschaft ist das Haus schon seit dreißig Jahren nicht mehr und es hat seine Geschichte, wie viele der schöneren Häuser der Hauptstadt Kabul.

Steuer- und Währungssystems, Gründung einer öffentlichen Schule mit Kursen in englischer Sprache, Bildung von Ministerien und einem Staatsrat; Erste Ansiedlung von Industri

2003 Kriegsschäden an der ehemaligen Zentrale der Verkehrspolizei im Stadtteil Deh Mazang

eform der afghanischen Armee +++ 1873: Abkommen zwischen Russland und England: Bildung einer befestigten Grenze im Oxus-Gebiet zwischen Afghanistan und den von Russland erober-

1967 Ein Händler verkauft Obst in der Straße Jade Wolayat

ten Gebieten. Afghanistan soll neutral bleiben +++ 1878/79: Zweiter afghanisch-britischer Krieg; Anlass ist ein Vertrag zwischen Sher Ali und Russland, der Afghanistan unte

2003 Kosmetikverkäufer auf dem Bazar | 2003 Obstverkauf an der Flusspromenade

ussisches Protektorat stellt +++ 1879: Vertrag von Gandumak: Afghanistan verliert seine außenpolitische Selbstständigkeit an England +++ 1880: Abdur Rahman (1880-1901), ein

2003 Traditionelle Bebauung am Fuße des Kohe Asmai

Enkel Dost Mohammads, wird von den Briten inthronisiert; Der „eiserne Emir" gilt als der Begründer des modernen Afghanistans +++ 1893: Die Engländer legen mit der Durand-Lini

2003 Junge auf dem Basar

In den Zwanzigerjahren hatte es ein wohlhabender afghanischer Jurist gebaut, der zu den Vätern der ersten, ziemlich demokratischen Verfassung des Landes gehörte. Er verkaufte es an die Regierung von Österreich. Um 1980 beschlagnahmten es die Kommunisten und zeitweise hat ihr Staatschef Najibullah darin gewohnt. Als die Mujaheddin die Kommunisten vertrieben und die Stadt erobert hatten, zog Ahmed Shah Massoud, einer der Führer im Kampf gegen die sowjetischen Truppen, in das Gebäude ein. Ihn vertrieben die Taliban, die in dem schönen Haus arabische Mitarbeiter ihrer Geheimpolizei und Al-Quaida-Leute, unterbrachten, ehe sie das Gebäude schließlich an die Regierung von Pakistan vermieteten. Diese soll dort einen Stützpunkt ihrer Geheimpolizei gehabt haben, bis die Taliban vertrieben wurden. Wem es heute gehört, scheint keiner so recht zu wissen. Das ist in Kabul nicht ungewöhnlich; in den vergangenen dreißig Jahren haben viele Häuser und Grundstücke den Besitzer gewechselt, ohne dass irgendwelche Dokumente oder Grundbucheintragungen existieren.

heutige Grenze zu Pakistan) eine Demarkationslinie zwischen Afghanistan und Britisch-Indien fest; Die Grenze verläuft durch das Gebiet der Paschtunenstämme; Afghanistan ver-

liert endgültig die im Jahr 1879 erworbenen Gebiete Kurram, Pishin, Sibi und den Kyber-Pass +++ 1901: Habibullah (1901-1919), Sohn von Abdur Rahman, Emir von Afghanistan; Ei

ührung moderner europäischer Technologien; Im Ersten Weltkrieg kann Afghanistan trotz innenpolitischen Drucks seine Neutralität bewahren; 26. März 1919: Afghanistan erklärt

Unser Gästehaus schien sich irgendwie selbst zu verwalten, drei Männer und eine Frau kochen Reis, Spaghetti und Hammelfleisch für die sechs Gäste und halten den ganzen Tag grünen Tee und Trinkwasser bereit. Den Teppichen und Möbeln sieht man an, dass sie oft ihre Besitzer gewechselt haben. Aber ein paar Stiche von Salzburg und Wien hängen noch an der Wand und in einem Regal liegt ein Packen uralter österreichischer Zeitschriften. Das Beste am Haus ist der Garten mit großen Bäumen hinter den hohen Mauern. Da sitzen die Pensionsgäste am weißen Plastiktisch: Ein Geschäftsmann, der aus dem französischen Exil heimgekehrt war, ein afghanischer Jurist, der aus Paris zurückkehrte, um am Entwurf der neuen afghanischen Verfassung mitzuarbeiten und ein Vertreter eines deutschen Transportunternehmens, dessen Familie in Deutschland lebt und sich nach Afghanistan noch nicht zurück traut. Sie diskutieren, wie sich in Verfassung und Gesetz des künftigen Afghanistans ein modernes Rechtssystem mit den Forderungen der islamischen Sharia vereinbaren lasse und ob es gelingen könne, das islamische Recht symbolisch in eine neue Verfassung einzubeziehen, nur als Leitprinzip, aber nicht in der radikalen, brutalen Form, wie sie von den Taliban ausgeübt worden sei. Noch scheint ihnen die Erinnerung an die gewaltsame Unterdrückung durch das Taliban-Regime positiv nachzuwirken. Aber viele der konservativen Politiker und Machthaber, so meinen die drei Afghanen, duldeten die Reformbemühungen der Regierung nur, weil sie die Reaktion des Auslandes und ein Ende der internationalen Hilfe fürchteten. Keiner der drei Pensionsgäste jedenfalls hat vor, in dieser Zeit mit der Familie nach Afghanistan umzuziehen.

ritannien gibt sein Protektorat auf und erkennt Afghanistan als unabhängigen und souveränen Staat an +++ 1921: Freundschaftsvertrag zwischen der RSFSR und Afghanistan, schließt

In die Stille des Gartens dringen täglich vielmals die Stimmen der Muezzin, die über Lautsprecher der umliegenden Moscheen zum Gebet rufen. Einer der Angestellten, ein lebhafter junger Mann, will mir die nächstgelegene Moschee zeigen und führt mich durch schmale Gassen mit hohen Mauern, hinter denen die Wohnhäuser liegen. Die weiße Moschee ist ein moderner Bau und die Gläubigen – Männer und Schuljungen – gehen gerade hinein, als wir kommen. Eigentlich will ich draußen warten, aber mein junger Begleiter geht hinein und nach ein paar Minuten winkt er mir: Ich soll hereinkommen.

Fünfzig oder siebzig Männer knien auf ihren Gebetsteppichen, während der Mullah zu ihnen spricht. Vorsichtig versuche ich, ein paar Fotos zu machen: zuerst von hinten, dann von der Seite, dann ein bisschen schräg von vorne und schließlich sogar mit Blitzlicht. Der Mullah hatte mich einige Male angesehen aber kaum Notiz von mir genommen. Da erheben sich plötzlich die Männer, drehen sich zu mir um und gehen auf mich zu. Das ist eine Schrecksekunde für mich, aber dann sind ein paar darunter, die wollen gerne von mir fotografiert werden. Sicherheitshalber gehe ich schnell nach draußen und im Hof kommt schon ein großer vollbärtiger Mann drohend auf mich zu. Er redet auf mich ein, aber ich verstehe ihn nicht und schließlich kommen ein paar Männer zu mir, schieben den erzürnten Redner beiseite und wollen auch fotografiert werden.

militärische und politische Bündnisse mit Dritten aus +++ ab 1923: Forcierte Reform- und Modernisierungspolitik nach westlich-europäischem Vorbild +++ 1926: Neutralitäts- un

2003 Mausoleum des Königs Nadir Shah (links) und des Sultans Mohammed Chan Telai (rechts)

ichtangriffspakt zwischen der Sowjetunion und Afghanistan +++ 1931: Afghanistan wird zur konstitutionellen Monarchie unter der Regentschaft von Mohammad Nadir Shah (1929-1933)

2003 Ein Händler kühlt seine Ware mit Eisblöcken | 2003 Ein Konditor verkauft Kuchen vor seinem zerstörten Haus

+++ 1940: Mohammad Zahir Shah (1933-1973) verkündet die Neutralität Afghanistans im Zweiten Weltkrieg +++ 1947: Teilung Britisch-Indiens, Entstehung Pakistans. Afghanistan for

ert Selbstbestimmungsrecht der afghanischen Paschtunen; Großbritannien, und in der Folgezeit auch Pakistan, lehnt jegliche Forderungen Afghanistans nach einem unabhängigen

Ich weiß nicht, ob ich ihnen einen Gefallen tue oder ob sie mich mit einer freundlichen Geste beruhigen wollen. Jedenfalls mache ich mich davon und finde am Tor zur Straße meinen Begleiter wieder. Er ist gerade im Gespräch mit einem älteren Mann und schildert ihm, wie mir scheint, was eben im Hof der Moschee vorgefallen ist. Der Mann nimmt mich beim Arm, spaziert mit mir die Straße entlang und redet und redet. Das einzige Wort, das ich verstehe, ist »Al Quaida« und das klingt beunruhigend.

Später im Gästehaus übersetzt mir ein Mitbewohner, was mein Begleiter erzählt: Der zornige große Mann habe mir das Fotografieren verbieten und mich aus dem Hof der Moschee verjagen wollen. Der freundliche Mann auf der Straße habe gesagt, der zornige Redner sei ein Mann von Al Quaida. Er aber gehöre zur Polizei und werde ihn verhaften, allerdings erst am Nachmittag. Das klingt verwirrend und beunruhigend, aber dann meinen die beiden Afghanen, der angebliche Polizist sei wohl eher ein leicht bekiffter Schwätzer gewesen und der zornige Mann kein Terrorist, sondern ein strenggläubiger Moslem, vielleicht auch ein Radikaler.

Paschtunistan ab +++ 1950: Abschluss eines Transitabkommens mit der Sowjetunion +++ 1952: Weigerung Afghanistans, seine traditionelle Neutralität aufzugeben und in die Mil

2003 Bombentrichter vor dem Hotel Spinzar

-rpakte CENTO und SEATO einzutreten; Darauf Einstellung der wirtschaftlichen, technischen und militärischen Unterstützung durch die USA +++ 1953: Prinz Mohammad Daud wird

Hinter dem Tor der Aisha-Durani-Schule im Zentrum der Stadt wird streng kontrolliert: Soldaten klopfen die Jungen ab, die mit ihren Schultaschen kommen. Ältere Frauen kontrollieren die Schülerinnen und ihre Taschen. Besonders Mädchenschulen sind niemals ganz ungefährdet. Vor einigen Monaten haben islamistische Männer am Stadtrand eine Bombe in eine Mädchenschule geworfen, sagt man mir. Auch die große Aisha-Durani-Schule, bei deren Wiederaufbau deutsche Helfer beteiligt sind, ist nicht ungefährdet. In den weiß getünchten Gängen des schönen Gebäudes spürt man nichts davon. In den Klassenräumen treffe ich junge Frauen ohne Burka. Manche von ihnen erscheinen mir ein wenig zu alt für Schülerinnen. Die Frauen müssen verlorene Schuljahre nachholen und sie wissen, dass auch das ein Privileg ist, auf das viele Mädchen außerhalb der Hauptstadt noch lange warten müssen. Aber auf eines sind ihre Lehrerinnen stolz: In Kabul gehen wieder 500.000 Kinder und junge Leute zur Schule und mehr als die Hälfte, 263.000 davon, sind Mädchen. Dass es mehr Schülerinnen als Schüler gibt, so sagt man mir, liege wohl daran, dass die Jungen schon früh für ihre Familie arbeiten müssen, als Wasserverkäufer, Schuhputzer oder Kleinsthändler und dass viele von ihnen es nicht schaffen, dann auch noch in die Schule zu gehen. Bei den Mädchen sei das anders. In der Hauptstadt gebe es viele Familien, die ihren Töchtern eine Berufsausbildung ermöglichen wollen.

afghanischer Premierminister; Annäherung an die Sowjetunion, technologische Hilfe der UdSSR +++ 1955: Dezember: Reise Chruschtschows und Bulganins nach Kabul; Zusage sowjet

1967 Schülerinnen in traditioneller Schuluniform

cher Unterstützung für einen unabhängigen Staat Paschtunistan, Erneuerung des Freundschafts- und Nichtangriffspaktes +++ 1961: August: Die pakistanische Regierung ordnet die

Das sei die einzige Chance für ein besseres Leben und darum seien besonders viele Mädchen entschlossen, die Schule zu besuchen – da, wo es heute wieder möglich geworden ist. So gute Chancen, wie an der Aisha-Durani-Schule, die immer zu dem halben Dutzend der Eliteschulen der Hauptstadt gehört hat, haben nur wenige.

Eine Schule am Stadtrand sieht ganz anders aus: flache Gebäude ohne verglaste Fenster; Klassenzimmer, in denen die Schüler auf dem nackten Lehmboden sitzen. Dabei hat auch diese Oberschule einen besonders guten Ruf und Schuldirektor Sultani hat sich mit aller Kraft eingesetzt, um aus den halb zerstörten Gebäuden eine ordentliche Schule zu machen. Oder das, was man ordentlich nennt. Fast 6.000 Schüler lernen hier in drei Schichten an sechs Tagen der Woche. Das sind fünfundsiebzig Klassen, aber es gibt nur achtzehn Klassenräume. Manche Lehrer müssen im Freien unterrichten und sie hoffen nur, dass ihnen die Stadtverwaltung oder eine ausländische Organisation mit Zelten aushelfen wird, wenn der kalte Winter kommt. Der kleine Asmad Wali, der von allen Schülern am besten Englisch spricht, erzählt mir von seinen Sorgen: dass im Winter viele Kinder krank werden können, weil sie im Unterricht frieren müssen. Aber auch das wird ihn nicht abhalten, in die Schule zu gehen. Schließlich will er später einmal Lehrer werden oder vielleicht auch Pilot, sagt er, da muss er lernen, auch wenn es in seiner Schule keine Heizung gibt, keine Stühle und Tische und viel zu wenig Bücher und Hefte.

fghanistan und Pakistan +++ 1963: März: Rücktritt Mohammad Dauds; Mai: Pakistan öffnet seine Grenze zu Afghanistan +++ 1964: Oktober: Zahir Shah erlässt eine neue, demokra-

tische Verfassung Afghanistans +++ 1965: Erste Wahlen für das afghanische Parlament +++ 1973: Juli: Der einstige Premier Mohammad Daud stürzt mit Unterstützung der marxisti

In einem der Klassenzimmer sitzen Erwachsene auf dem Boden – Männer auf der einen Seite, die Frauen auf der anderen Seite. Sie diskutieren gerade, was einen guten Lehrer ausmacht, wie ein moderner Unterricht aussehen sollte, wie man Unterrichtsstoff organisiert und Kinder und Schüler zur Mitarbeit heranzieht. Eine amerikanische Universität finanziert ein Weiterbildungsseminar für Lehrerinnen und Lehrer, die viele Jahre lang nicht unterrichten durften. Manche haben in der Taliban-Zeit noch im Untergrund Kindern Unterricht gegeben, immer in Gefahr, entdeckt und verfolgt zu werden. Sie erzählen, wie sie ihre Arbeit und ihr Einkommen verloren, als die Taliban die Schulen geschlossen hatten. Heute werden die Schulen wieder geöffnet, sagen sie, und sie arbeiten wieder, auch wenn sie seit Monaten kein Gehalt bekommen haben. Besonders die Lehrerinnen imponieren mir, wirklich starke Frauen, die nach Jahren des Berufsverbotes wieder arbeiten wollen.

chen Partei »Partscham« (Fahne) Zahir Shah; Ausrufung der Republik, Mohammad Daud wird ihr Präsident +++ 1974: Herat wird von der UNESCO zum Weltkulturerbe erklärt +++ 1974-

2003 Blick vom Tepe Maranjan auf die Festung Bala Hissar

In der Hauptstadt Kabul haben schon 1.500 Lehrer die Aufbaukurse besucht, sagt Seminarleiter Seyat. Nun denkt er darüber nach, in welchen Provinzen so ein Projekt eine Chance hat. Auf seiner Landkarte hat er Regionen eingezeichnet, in denen Gouverneure, Kommandanten oder Stammesälteste ein solches Projekt fördern oder dulden könnten, und jene anderen, in denen Seminare für Lehrerinnen oder Schulen für Mädchen auf Widerstand stoßen, vielleicht gewalttätige Übergriffe herausfordern. Es sind noch nicht viele Gebiete, in denen er ein Schulexperiment wagen würde.

Herr Seyat ist ein gläubiger Moslem, aber weil er auch ein engagierter Pädagoge ist, hat er Afghanistan verlassen müssen. Zum ersten Mal war die Familie 1978, als die Kommunisten die Macht übernahmen, nach Pakistan geflohen. Vierzehn Jahre später, als die Mujaheddin die Kommunisten vertrieben hatten, kehrte sie nach Kabul zurück. Aber dann, als die Taliban die Stadt eroberten, verlor Herr Seyat seine Arbeit als stellvertretender Direktor einer Oberschule, war bedroht, gedemütigt und verfolgt worden und so floh die Familie noch einmal nach Pakistan. Nun war Herr Seyat noch einmal zurückgekommen, hoffentlich endgültig.

1978: Aufhebung der Verfassung von 1964; Bemühungen, Afghanistan aus der Abhängigkeit von der Sowjetunion und den USA zu befreien; Verstärkte Hinwendung zur islamischen Wel

1967 Blick vom Tepe Maranjan auf die Festung Bala Hissar

++ 1978: April: Militärputsch gegen Daud; Die kommunistische Demokratische Volkspartei unter Noor Mohammad Taraki übernimmt die Regierung; Ausrufung der Volksrepublik Afgha-

Das Gebäude des afghanischen Fernsehens im Stadtteil Ansari Watt schien viel zu groß für die viel zu wenigen Mitarbeiter, die nach dem Ende der Taliban-Herrschaft wieder zu arbeiten begonnen haben. Aber es war nun nicht mehr so tot wie bei meinem letzten Besuch zwölf Jahre vorher, am Ende der kommunistischen Herrschaftszeit. Damals waren unsere Autos ohne Licht in den Hof des Gebäudes gefahren, aus Furcht vor den Raketen der Mujaheddin, die die Stadt eingeschlossen hatten. Mit Taschenlampen führten uns afghanische Kollegen in einen fast dunklen Kontrollraum. Der technische Direktor selbst überspielte unsere letzten Berichte aus der belagerten Stadt nach Moskau. Die meisten Mitarbeiter kamen nicht mehr zur Arbeit, der Direktor selbst bereitete seine Flucht vor. Das Fernsehgebäude war dunkel, kalt und tot. Nun zieht im Frühsommer 2002 langsam wieder Leben ein.

nistan und des Programms des „Wissenschaftlichen Sozialismus" +++ 1979: September: Taraki wird durch seinen Vizepräsidenten Hafisullah Amin gestürzt; Dezember: Invasion sowjet

1967 Blick in eine typische Seitenstraße

scher Militärtruppen in Afghanistan; Präsident Amin wird ermordet und Babrak Karmal (1979-1986) als neues Staatsoberhaupt von den Russen eingesetzt; Auf die sowjetische Inva-

sion in Afghanistan reagieren die USA mit einem Weizenembargo gegen die Sowjetunion und dem Boykott der Olympischen Spiele 1980 in Moskau +++ 1979-1989: Blutiger Befreiungs

ampf der von Pakistan aus operierenden und von den USA unterstützten muslimischen Mujaheddin-Gruppierungen (»Gottesstreiter«) gegen die sowjetische Besatzungsmacht +++ 1986:

1967 Traditionelle Wohnhäuser | 2003 Wohngebiet in Sichtweite des Hotels Intercontinental

Ablösung von Babrak Karmal durch Dr. Mohammad Najibullah (1986-1992) +++ 1987: November: Verabschiedung der Verfassung der »Republik Afghanistan«, Wahl Najibullahs zum Staat

2003 Plattenbau aus der sowjetischen Besatzungszeit im Microrayon

-räsidenten +++ 1988: April: Genfer Abkommen zwischen den USA, der Sowjetunion, Pakistan und Afghanistan; Beschlüsse: sowjetischer Truppenabzug innerhalb der nächsten neun

Unter den Taliban war Fernsehen verboten gewesen. Kameras und technische Ausrüstungen waren zerstört oder nach Pakistan verkauft worden, die Filmarchive vernichtet. Nun erzählen mir Fernsehkollegen, wie schwierig der Wiederbeginn sei. Immerhin, sagt ein Redakteur, es gäbe doch wieder musikalische Unterhaltungsprogramme. Allerdings dürften nur männliche Sänger auftreten, aber in einigen Wochen wolle man ein Experiment machen: Man werde auch Frauen singen lassen, zunächst einmal allerdings, ohne sie im Bild zu zeigen. Später könne man sich vielleicht weiter vorwagen und das Bild der Sängerinnen nicht mehr mit schönen Landschaften überlegen. Aber ungefährlich sei dies alles nicht.

Monate, afghanisch-pakistanisches Abkommen, Rückkehr der afghanischen Flüchtlinge +++ 1989: Vollständiger Abzug der sowjetischen Truppen aus Afghanistan; Bürgerkrieg tobt we

1967 Blick vom Koh-i-Asmai Richtung Norden auf die Festung Kolola Pushta

er +++ 1992: April: Mujaheddin erobern Kabul; Sturz Najibullahs; Ausrufung des Islamischen Staates; Ende des Jahres wird Prof. Burhanuddin Rabbani (1992-1995) zum Präsidenten

2003 Kontrollposten nordöstlich von Kabul

Das afghanische Fernsehen steht unter dem Druck misstrauischer konservativer Politiker, die sich redaktionelle Unabhängigkeit oder Pressefreiheit nicht vorstellen können. Nur einige kurze Wochen lang war das anders gewesen, als sich auf der großen Versammlung Loya Jirga die Vertreter verschiedener Gruppen und Fraktionen heftige Diskussionen lieferten. Die hatte das Fernsehen übertragen und auf den Straßen und in den Basaren die Menschen dazu befragt. Damals, so meint ein Kollege, hätten Millionen Afghanen im ganzen Lande die Auseinandersetzungen verfolgt. Aber dann, nach der demokratischen Gründungsphase kehrte der Druck der Machthaber zurück. Bis zum Ende der Loya Jirga, sagen afghanische Kollegen, habe es eine ziemlich offene Berichterstattung über die politischen Zustände gegeben – besonders im Hörfunk. Da hatten Basarhändler und Kunden von ihren Hoffnungen gesprochen: Es sei besser zu reden als zu schießen und dass sich vielleicht doch der eine oder andere Beschluss in die Praxis umsetzen ließe. Einige hatten sogar harte Kritik geübt an den Warlords, den regionalen Kriegsherren, die sich einer Regierung in Kabul widersetzten. Öffentlich, im Rundfunk, so staunt ein afghanischer Kollege immer noch, habe ein Händler gesagt: »Wenn die internationalen Soldaten nicht hier wären, würden die Warlords uns wieder abschlachten. Die ausländischen Soldaten müssten nicht nur in Kabul, sondern auch in meiner Heimatstadt stationiert werden.«

erhoben +++ 1993: Entstehung der Taliban (Paschtu »Koranschüler«), einer radikalislamischen Miliz, deren Angehörige sich vor allem aus paschtunischen Flüchtlingen in Pakista

1967 Kameltreiber auf dem Weg in die Stadt

meist Zöglinge der dortigen Koranschulen) rekrutieren; Gulbuddin Hekmatyar als Ministerpräsident vereidigt +++ 1994: Vom Süden aus greifen die Taliban in die Kämpfe der riva-

2003 Schreiner in seiner neuen Werkstatt | 2003 Geschäftshaus an der Straße Salang Wat

lisierenden Mujaheddin-Gruppierungen ein +++ 1996: Mai: Friedensabkommen zwischen Rabbani und Hekmatyar; September: Taliban nehmen Kabul unter Mullah Mohammad Omar (1995-200

n; Sturz der Regierung Rabbani und Hekmatyar; +++ 1997: Die Taliban kontrollieren inzwischen etwa zwei Drittel Afghanistans; Den Norden Afghanistans beherrscht der usbeki-

2003 Blick vom Hotel Spinzar auf den Platz Pole Baghe Omumi

sche General Raschid Dostum; Oktober: Ausrufung des „Islamischen Emirats Afghanistan"; Vollkommenes Arbeits- und Ausbildungsverbot für Mädchen und Frauen, Burka-Zwang, Ärzte

1967 Blick vom Hotel Spinzar Richtung Süden

So offene Worte gibt es nicht mehr, weder im Fernsehen noch im Hörfunk. Aber im Radio können Kulturprogramme die Geschichte Afghanistans oder Kabuls erzählen und die Hörer daran erinnern, dass ihr Land nicht ausschließlich von radikalen islamischen Traditionen geprägt worden ist. Die afghanischen Rundfunkleute erzählen von den ständigen Auseinandersetzungen zwischen dem Fernsehen, dem Informationsministerium, konservativen Machthabern und islamistischen Richtern.

Wazir Akbar Khan war immer eines der besten Stadtviertel von Kabul. Hinter den Mauern, die Gärten und kleine Villen umschließen, wird renoviert oder aufgebaut. Die Vertreter der UNO und der privaten ausländischen Hilfsorganisationen sind auf der Suche nach guten Wohnungen. Ein moderner Betonbau, zwei Stockwerke hoch, ist immer noch schwer vom Krieg gezeichnet. Sieben Raketen sind in das Haus eingeschlagen und haben es schwer beschädigt. Ein großes Schild verkündet, dass hier die Union der Künstlerverbände Afghanistans ihren Sitz hat, die Vertretung der Schauspieler, Maler, Musiker, Architekten und Cinematographen. »Wie sollen denn Künstler in Kabul das Geld für den Wiederaufbau aufbringen«, fragt Timur-Shah Hakimyar, Filmregisseur und Verbandsvorsitzender. »Bei dieser Wirtschaftslage können wir es nicht einmal reparieren.«

st die Behandlung weiblicher Patienten untersagt +++ Ende 1998: Die Taliban kontrollieren etwa 90 Prozent des afghanischen Gebietes +++ 2001: Nach den Anschlägen auf das New

2003 Blick auf den Tepe Maranjan und die zerstörten Mausoleen

So hat man im Erdgeschoss drei Büros notdürftig wieder eingerichtet und zu arbeiten begonnen. Sobald die Taliban Kabul verlassen hatten, wollten die Mitglieder der Künstlerunion wieder beleben, was die Taliban vernichten wollten oder schon zerstört hatten. Ein Maler wird zum ersten Mal wieder Gemälde ausstellen. Die ersten Dokumentarfilme sind in Arbeit, Bühnenaufführungen plant man auch schon in dem halb zerstörten Gebäude.

Yorker World Trade Center im September dringt die US-Regierung auf eine Auslieferung des in Afghanistan lebenden saudi-arabischen Multi-Millionärs Osama bin Laden, den sie a

1967 Blick auf den Tepe Maranjan und die Mausoleen

Drahtzieher der Terrorakte vermutet; Dies lehnen die Taliban strikt ab; Oktober: Beginn der Bombardierungen auf Stellungen der Taliban und des Terror-Netzwerks Al-Qaida durch

die „globale Koalition gegen den Terror" unter der Führung der USA und Großbritanniens; November: Einnahme Kabuls und Kandahars durch die mit den USA verbündete »Nordallianz«

2003 Holzhandel vor zerstörten Wohngebäuden im Stadtteil Karta-i-Naw

Regierung des »Islamischen Staates von Afghanistan«); Flucht der Taliban; November/Dezember: Internationale Afghanistan-Konferenz »UN Talks on Afghanistan« auf dem Petersberg

Bisher habe man die Arbeit nicht behindert, aber einfach sei es nicht, sagt Hakimyar. Schauspieler für die Bühne oder für Filmaufnahmen seien schwer zu gewinnen. »Besonders die Frauen wollen noch nicht von der Freiheit Gebrauch machen, die sie nun wieder haben könnten. Sie haben Angst. Sie haben den Schock innerlich noch nicht überwunden.«
Auf dem Flur vor seinem Büro steht etwas, was wie eine absurde Skulptur aussieht: das verschrammte schwarze Oberteil eines Flügels, aufgebockt auf Dosen und Kästen. Es ist der einzige, der letzte Konzertflügel von Kabul. Unter Schrott und Abfall versteckt, hat er die Taliban-Herrschaft im Garten des Künstlerhauses überstanden. »Darum hat er auch keine Beine mehr«, sagt Timor-Shah Hakimyar, »aber er kriegt wieder welche.«

in Königswinter/Deutschland; Einigung über künftige Regierungsbildung, Benennung der Mitglieder der Interimsadministration; Dezember: Bildung einer Übergangsregierung mit Hami

Stark beschädigtes Regierungsgebäude im Süden Kabuls

Karzai an der Spitze +++ Juni 2002: Bestätigung Karzais als Präsident der »Afghan Transitional Authority« durch die »Große Stammesversammlung« (Loya Jirga) +++

Epilog

Für meine Generation ist Afghanistan und seine Hauptstadt Kabul verbunden mit Krieg, menschenverachtenden Unruhen und Zerstörung. Doch hat es einmal auch ein anderes Kabul gegeben. So war ich gespannt, als mir durch einen langjährigen Freund der Kontakt zu einem umfangreichen Fotoarchiv mit Bildern aus einer Zeit vor dem Militärputsch von 1973 hergestellt wurde.

Diese fotografische Zeitreise in die Vergangenheit durch die Augen des Fotografen Georg Werner Gross sollte wenig später ergänzt werden durch eine Reise in das kriegszerstörte Kabul an der Seite des Fotografen Philipp Meuser.

Dieser Bildband kontrastiert Fotografien aus einem friedlichen Kabul mit Bildern einer kriegszerstörten Stadt. Diesen zur Seite gestellt sind die persönlichen Eindrücke des Journalisten Gerd Ruge, der Afghanistan mehrmals bereiste, nicht erst zu Kriegszeiten. Ich freue mich, wenn es diesem Band gelingt, seine Leser und Leserinnen für ein Land zu interessieren, das unser Interesse nicht nur nötig hat sondern vor dem Hintergrund seiner Geschichte ganz besonders verdient. Und ich freue mich, wenn der Band einen Beitrag leisten kann zum Wiederaufbau der einst blühenden Metropole am Hindukusch.

Mein herzlicher Dank gilt allen an diesem Buch Beteiligten: Mechthild Schneider, die uns das Archiv Ihres Vaters, des Fotografen Georg Werner Gross geöffnet hat, Mirajan Sahebi, der uns den sicheren Zugang zu seiner Heimatstadt ermöglichte, sodann Philipp Meuser und ganz besonders Gerd Ruge für seine eindrücklichen Beschreibungen.

Markus Sebastian Braun, Verleger

Die Deutsche Bibliothek verzeichnet diese Publikation in der Deutschen Nationalbibliografie; detaillierte bibliografische Daten sind im Internet abrufbar über http://dnb.ddb.de

ISBN 3-935455-35-6

Zeittafel
Anna Schürmer, Uta Keil, Markus Hattstein

Quellen
Martin McCauley: Afghanistan and Central Asia: A modern history, London 2002.
Willy Kraus: Afghanistan. Natur, Geschichte und Kultur, Staat, Gesellschaft und Wirtschaft, Tübingen 1972.
www.suedasien.net/laender/afghan/geschichte.htm
www.auswaertiges-amt.de/laenderinfos/
www.afghan-web.com/history/chron/index.html

Druck
Stalling Druck, Oldenburg